AF330497

O²n
477

NOTICE

SUR LA

MISSION DU PÉ-TCHÉ-LY SUD-EST

CONFIÉE AUX SOINS

des

PP. de la Compagnie de Jésus.

LYON

IMPRIMERIE DE J. B. PÉLAGAUD

Rue Sala, 58

1873.

NOTICE

SUR LA

MISSION DU PÉ-TCHÉ-LY SUD-EST.

I. — APERÇU HISTORIQUE SUR LA MISSION.

Le Pé-tché-ly est une des dix-huit provinces de la Chine proprement dite ; outre Péking, capitale de l'empire, elle renferme Pao-tim-fou, son chef-lieu, et le port de Tien-tsin, bien connu en Europe depuis la dernière guerre.

Cette province formait, avant 1856, le diocèse de Péking, qui avait pour administrateur Mgr Mouly, en même temps vicaire apostolique de la Mongolie. Ce vénéré prélat, homme de beaucoup de vertus et de grande expérience, crut qu'un démembrement de son vaste diocèse serait favorable aux progrès de la foi, et, sur sa proposition, le Saint-Siége divisa le Pét-tché-ly en trois vicariats, dont deux furent attribués à la Congrégation de Saint-Lazare. Le Pé-tché-ly septentrional conserva Mgr Mouly pour évêque ; le Pé-tché-ly occidental reçut un vicaire apostolique en la personne de

Mgr Anouilh, et le Pé-tché-ly oriental ou sud-est, fut attribué aux Pères de la Compagnie de Jésus.

Ce dernier vicariat, situé à 35 lieues au sud-est de Pé-king, comprend un territoire de 100 lieues de long sur 20 de large. Il est borné au nord, au nord-est et au nord-ouest, par les deux vicariats nommés plus haut ; à l'ouest et au sud, par le Ho-nan ; à l'est, par le Chan-tong. Au moment où il fut confié aux PP. de la Compagnie, sur une population de 10,000,000 d'infidèles, on ne comptait que 9,475 chrétiens disséminés dans 132 chrétientés, 62 catéchumènes et pas une école.

Le R. P. Languillat, missionnaire au Kiang-nan, fut appelé par le Saint-Siége à diriger ce vicariat. Il dut faire près de 300 lieues pour gagner sa nouvelle mission ; il n'y arriva qu'au commencement de 1857. Il amenait avec lui les deux Pères Sica et Catté, rejoints bientôt après par les PP. Caussin et Giaquinto, sans compter deux prêtres chinois de la province même.

Avant de rien entreprendre, on voulut se rendre compte de la position et étudier le pays. C'est ce qui fut fait dans un voyage effectué, en partie par Mgr Languillat, en partie par le P. Catté, supérieur de la mission.

Le Pé-tché-ly sud-est, complètement dépourvu de montagnes, ne présente aux regards que des plaines basses et sablonneuses où règne, pendant l'hiver, un froid piquant de 15 à 18 degrés, et, pendant l'été, une chaleur très-forte montant quelquefois à 42 ou 43 degrés. A l'arrivée de Mgr Languillat, une partie des habitants avaient émigré pour échapper à la famine.

On se mit à l'œuvre ; les débuts furent pénibles. Les PP. Sica et Giaquinto durent, à cause de leur santé, regagner le Kiang-nan. Malgré l'arrivée de nouveaux renforts en 1859, le manque de ressources, l'insalubrité du logement des missionnaires et le surcroît de fatigues amenèrent les maladies. Deux des Pères moururent. Mgr Languillat fut lui-même gravement atteint, ainsi qu'un autre Père, et il ne resta plus que deux missionnaires valides pour évangéliser cet immense territoire.

En 1861, on respira un peu plus librement ; néanmoins on eut encore quelques crises à traverser. Le Pé-tché-ly fut, à deux reprises, ravagé par les bandes de brigands. Les Pères, forcés de quitter le village où ils s'étaient d'abord fixés, allèrent s'établir dans un autre plus tranquille et plus à proximité de Tien-tsin.

Lors de l'expédition anglo-française (1860-1861), les faux bruits que les Chinois répandirent au début de la guerre et leur dépit après leur défaite, furent pour les missionnaires la source de tracasseries et de vexations qui inspiraient des craintes sérieuses. Heureusement la Providence ne permit pas que les menaces furent mises à exécution. On put bâtir une maison commode et salubre pour les missionnaires ; peu à peu de nouveaux ouvriers arrivèrent, et le bien se fit, malgré les obstacles que l'on rencontrait encore çà et là.

En 1865, Mgr Languillat fut rappelé au Kiang-nan par le Souverain Pontife pour remplacer Mgr Borgniet, mort depuis trois ans. Le R. P. Dubar fut alors sacré évêque, et succéda à Mgr Languillat comme vicaire apostolique du Pé-tché-ly sud-est.

Rien d'extraordinaire ne se produisit dans la mission jusqu'à la fin de 1867, où de nombreuses bandes de brigands se mirent à parcourir et à rançonner le pays. Au mois de février 1868, les rebelles (révolutionnaires et communistes de la Chine), au nombre d'environ

50,000 venus du Ho-nan, traversèrent le fleuve Jaune et firent irruption dans notre province où ils mirent tout à feu et à sang. Ils vinrent même jusque chez nous, pillèrent notre maison et tentèrent d'y mettre le feu. Bon nombre de missionnaires, qui s'y trouvaient alors réunis, coururent les plus grands dangers et n'échappèrent à la mort que par une protection toute spéciale du ciel. Trois de nos séminaristes et un catéchiste furent emmenés captifs. Le catéchiste et deux séminaristes parvinrent à s'échapper, après quinze jours passés au milieu de ces bandits ; le troisième ne revint que l'année suivante,

Si nos personnes furent sauves, il n'en fut pas de même du reste. Mobilier, lingerie, sacristie, tout fut pillé, et les pertes s'élevèrent au moins à 50,000 fr.

Dans le reste du vicariat, nos chrétiens eurent également beaucoup à souffrir et dans leurs personnes et dans leurs biens. Plusieurs vierges moururent martyres de la vertu. Ce ne fut qu'au bout de six mois que ces brigands, avides de sang et de pillage, nous délivrèrent de leur présence ; mais les désastres causés par eux sont loin d'être entièrement réparés.

Enfin, en 1870, la bonté divine qui se plaît à éprouver ses serviteurs, nous envoya encore deux rudes épreuves : la première fut le massacre de Tien-tsin ; la seconde, ce furent les conséquences qu'eut pour la mission la malheureuse guerre entre la Prusse et la France.

On sait qu'à Tien-tsin, le 21 juin 1870, furent massacrés deux missionnaires, dix sœurs de la Charité, le consul Français, M. Fontanier, son chancelier, M. Simon, un interprète de la légation de Péking et sa femme, deux autres Français et trois Russes. Le vicariat, n'étant éloigné de cette ville que de 30 lieues, eut beaucoup à souffrir de l'agitation des esprits, et bientôt nous constatâmes un refroidissement sensible parmi nos catéchumènes.

Les désastres de la France, considérée par les Chinois comme la protectrice de tous les catholiques, jetèrent la défiance dans les cœurs ; sans compter que les secours qui nous venaient de notre bien-aimée patrie sont devenus insuffisants depuis cette terrible guerre, et que la malveillance à peine contenue des autorités chinoises est à chaque instant sur le point de se faire sentir plus ou moins vivement. On pourrait encore ajouter qu'un an après, des pluies torrentielles amenèrent une inondation désastreuse, qui eut pour conséquence l'apparition de la famine et de la peste.

II. — MOYENS D'APOSTOLAT.

Pour propager notre sainte foi il n'est pas d'industries auxquelles on n'ait recours, et souvent des moyens très-simples en apparence sont les plus efficaces pour faire connaître et aimer Jésus-Christ.

Mais, avant d'entrer dans le détail, il est bon de faire remarquer que le missionnaire doit s'occuper d'abord des brebis qui appartiennent déjà au bercail du divin pasteur et connaissent sa voix. C'est pourquoi, il fait tour à tour la visite des villages chrétiens. Dans chacun d'eux, il reste le temps nécessaire pour donner la mission, c'est-à-dire faire remplir le devoir pascal.

1° *Missions.*

C'est ordinairement chez l'un des administrateurs (1) de la chrétienté que descend le missionnaire. Voici quelles sont ses principales occupations durant son séjour : il dit la sainte Messe, prêche, confesse, fait le catéchisme aux enfants, et s'informe, auprès des principaux chrétiens, de la conduite des autres. Il se rend un compte exact de l'état de la chrétienté, voit s'il y a des scandales, des querelles, des différends à faire cesser. Personne n'est oublié : il donne des encouragements aux uns, fait des réprimandes aux autres, exhorte tout le monde à redoubler de ferveur; puis il se rend dans une autre chrétienté.

Lorsque le missionnaire a donné ses soins aux chrétiens, il lui reste à faire entendre sa voix aux autres brebis qui ne sont pas encore de la bergerie. C'est là surtout, dans la conversion des païens, que l'on peut se convaincre de la profonde vérité de ces paroles de la sainte Écriture : *Spiritus ubi vult spirat* (2). Nous ne sommes que des instruments entre les mains de Dieu ; c'est lui qui fait tout, qui touche les cœurs de sa grâce et les amène à la connaissance de son nom par des voies bien différentes.

Cependant, voici nos moyens d'action les plus ordinaires. Quand le missionnaire va dans une chrétienté ou dans une localité quelconque, il est à peu près sûr de voir venir à lui quelques païens attirés par la curiosité. S'ils ne sont pas trop effarouchés, il leur adresse la parole, commençant par traiter de

---

(1) On appelle ainsi ceux qui sont chargés de la chrétienté durant l'absence du missionnaire. On choisit pour cet emploi les plus influents, les plus fervents, les plus riches ou plutôt les moins pauvres des chrétiens, la plupart braves paysans vivant du travail de leurs mains.

(2) L'Esprit souffle où il veut.

choses indifférentes ; puis, il glisse peu à peu un mot de la religion, leur apprend les motifs qui ont amené en Chine les missionnaires : ce n'est pas pour faire fortune, comme beaucoup le croient, mais uniquement dans l'intérêt des Chinois, pour leur apprendre à bien vivre en ce monde et surtout leur enseigner le moyen d'être heureux en l'autre. On leur fait voir combien notre religion est plus sainte et plus raisonnable que la leur, et l'on termine en les engageant à penser à ce qu'on vient de dire.

Quelquefois même, la seule manière d'être du missionnaire, ses paroles douces et affables font sur eux une salutaire impression. Ils sont étonnés de voir que toutes les fables qui se débitent sur le compte des missionnaires sont de pures calomnies, et que ces diables d'Europe (comme on nous appelle) ne sont pas aussi erribles qu'on les dépeint.

2° *Séminaire.*

Comme nous ne sommes pas assez nombreux pour tout faire nous-mêmes, et que notre qualité d'Européens a toujours quelque chose de choquant pour les .Chinois, nous sommes obligés de nous servir d'auxiliaires. C'est pourquoi nous avons établi un séminaire qui, après avoir passé par bien des phases, comptait, à la fin d'octobre 1870, une trentaine d'élèves. Mais la guerre désastreuse entre la France et l'Allemagne, en diminuant nos ressources, nous mettait dans la dure. nécessité de faire des économies. Nous nous vîmes contraints, à notre grand regret, de réduire ce nombre de moitié. Et pourtant sur ce séminaire reposent toutes nos espérances, car, avec un clergé indigène nombreux, nous pourrons avoir un accès plus facile auprès des Chinois.

La formation de ce clergé est longue et difficile. Les causes qui la retardent sont l'étude des langues et l'idée inexacte qu'ils se font du sacerdoce.

La langue chinoise étant formée d'une multitude infinie de caractères, il faut un temps considérable pour savoir la lire, la comprendre et l'écrire d'une manière satisfaisante. Or, comme nos futurs prêtres chinois devront se trouver en rapport avec les différentes classes de la société, il faut qu'ils puissent soutenir des conversations avecles lettrés, sans préjudice pour leur réputation. L'étude du chinois demande de dix à douze ans ; ensuite, il faut, durant deux ou trois ans, leur apprendre le latin d'une manière plus suivie ; puis vient l'étude de la philosophie (deux ans), et de la théologie (quatre ans). Ainsi, reçus à l'âge de dix à treize ans, nos séminaristes ne peuvent guère être prêtres avant trente-quatre ou trente-cinq ans.

En ce moment nous ne comptons encore que 2 élèves en théologie.

La seconde difficulté vient de l'idée inexacte qu'ils se font du prêtre. La plupart, en entrant au séminaire, ne pensent qu'à étudier, sans trop savoir à quoi ils s'engageront plus tard. Lorsqu'ils comprennent mieux les choses, et voient que, une fois prêtre, le nouveau Melchisédech ne s'appartient plus, qu'il doit obéir à l'évêque, renoncer à toutes les joies de la famille, et qu'il n'aura plus la liberté de retourner chez lui quand bon lui semblera, à ce moment plusieurs reculent ; d'autres sont obligés de quitter le séminaire, faute de capacité suffisante.

On comprend dès lors que, nous devons recevoir

bon nombre d'enfants, afin d'être sûrs d'en voir arriver quelques-uns jusqu'au sacerdoce.

Après le séminaire, les moyens les plus puissants d'apostolat sont : les écoles de catéchistes, les écoles de vierges chrétiennes, la construction des chapelles et l'œuvre des images.

3° *Ecoles normales pour la formation des catéchistes.*

C'est là que nous préparons des zélateurs fervents pour aider les Pères dans leur apostolat. Ils en seront comme les bras droits. Que peut faire, sans ces pionniers de l'Evangile, un pauvre missionnaire arrivant d'Europe ? Sa qualité d'étranger suffirait déjà pour éloigner de lui les Chinois. Il ne connaît bien ni leur langue ni leurs usages. Aussi, le plus souvent les païens ne viennent le voir ou l'écouter que par pure curiosité. Les catéchistes, au contraire, peuvent passer partout sans exciter l'étonnement. On les écoute volontiers, surtout s'ils se montrent humbles, patients et prudents. Il leur est donc plus facile de faire pénétrer les vérités de la foi dans l'esprit et dans le cœur de leurs compatriotes.

Depuis quatre ans, nous avons établi deux écoles de ce genre, une pour le nord et l'autre pour le sud du vicariat. Elles comptent en tout 30 élèves seulement.

Ces écoles, où nous recevons des jeunes gens de dix-huit à vingt-cinq ans, sont entièrement à notre charge. Nous sommes heureux de dire que les résultats déjà obtenus dépassent nos espérances. Un de ceux qui sont sont sortis, présentait, après quelques mois d'excursion, une liste de plus de 200 catéchumènes qu'il avait exhortés et instruits. Que serait-ce si la mission était parcourue en tout sens par ces intrépides zélateurs ! Combien de centaines de familles leur devraient le bienfait de la foi et le salut éternel !

4° *Ecoles des vierges pour la formation des maîtresses d'écoles, des baptiseuses, etc.*

Pour bien comprendre l'importance de cette œuvre, il faut savoir que l'éducation, même élémentaire, de la femme telle qu'on l'entend en Europe (lecture, écriture, formation du style, etc...) n'existe pas en Chine, sauf de rares exceptions dans les grandes familles. D'où il suit que des vierges chrétiennes qui joindraient, à une piété solide et à un vrai dévouement, une certaine instruction, seraient regardées comme une espèce de merveille, principalement dans les campagnes, et pourraient y exercer une salutaire influence. En second lieu, d'après la coutume chinoise, une femme, une jeune fille surtout est tenue à la plus grande réserve et doit rester dans l'intérieur de la famille. Elle ne peut paraître devant un homme, celui-ci fût-il un ami de la maison. De là une vraie difficulté pour les missionnaires d'exhorter et d'instruire les femmes païennes. Nos vierges chrétiennes, arrivées à un certain âge, quand elles sont ferventes et poussées par l'amour de Notre Seigneur, s'enhardissent peu à peu et finissent par mépriser le qu'en dira-t-on. Envoyées dans des centres de chrétiens ou de catéchumènes, elles ouvrent une école pour les petites filles, instruisent les femmes chrétiennes et païennes, etc... Les païens sont étonnés d'abord, mais bientôt voyant la modestie et la charité de ces *vierges sages,* leur étonnement se change en admiration.

Plusieurs d'entre elles ont déjà fait leurs preuves et nous en augurons bien pour l'avenir.

Leurs écoles, ainsi que les écoles de garçons dirigées par les catéchistes, jouissent généralement d'une bonne réputation auprès des païens eux-mêmes, qui les trouvent mieux tenues que les leurs, et voient que les maîtres s'occupent davantage de leurs élèves.

5° *Construction d'églises et de chapelles.*

Les Chinois, comme tous les peuples de l'Orient, se laissent séduire par l'extérieur ; plus on parle à leurs yeux, et plus on captive leur esprit. Leur curiosité est bientôt piquée ; ils demandent des explications sur ce qu'ils ont vu, et par là on arrive à leur donner une plus grande estime de notre sainte religion, quelquefois même à leur inspirer le désir de se faire chrétiens.

Quand nos ressources nous le permettent, nous bâtissons de petites églises, d'un style moitié chinois, moitié européen, qui les distingue tout à fait des pagodes. Nous nous efforçons d'entretenir une grande propreté dans ces sanctuaires et de les orner de notre mieux.

Il serait bien nécessaire de pouvoir multiplier le nombre de ces églises. On compte, dans le vicariat, 261 paroisses, la plupart très-éloignées les unes des autres. C'est dans ces centres que nos chrétiens, anciens et nouveaux, se réunissent pour faire les exercices de la mission, pour réciter leurs prières les dimanches et les jours de fête. Or, sur ces 261 paroisses, il n'y en a que 30 qui possèdent une petite église, et quelles églises ! Les murs sont en terre, et revêtus de briques à l'extérieur ; le toit est en roseaux recouverts de terre. Elles ont une longueur de 12 à 15 mètres sur 4 à 5 de large. Voilà ce que nous appelons nos basiliques. Chacune d'elles nous coûte de 3,000 à 4,000 fr. C'est relativement cher, je le sais bien ; mais qu'y faire ? Les matériaux, bois, chaux, pierre, tout est rare dans notre mission ; tout doit venir des vicariats voisins sur de mauvaises charrettes, traînées par des mulets, des ânes ou des bœufs, dans les plus détestables chemins. Au second rang, viennent les petites chapelles, dont les unes appartiennent à la communauté des chrétiens, les autres à des particuliers. On en compte une centaine qui ont 3, 6 ou 9 mètres de long, sur 3 à 4 mètres de large, et sont souvent beaucoup trop petites pour l'auditoire. Les murs de ces chapelles ne sont pas même blanchis à la chaux. A l'intérieur, point de pavé, et l'autel est en terre. Si pauvres que soient ces sanctuaires, l'on serait cependant heureux d'en trouver partout. La somme nécessaire pour les construire varie de 500 à 800 fr.

Quant aux autres chapelles ou plutôt aux réduits qui servent de chapelles,—et c'est, hélas ! le plus grand nombre, — le cœur du prêtre se serre de tristesse en voyant où il est forcé de faire descendre Notre Seigneur pendant le saint sacrifice. Dans les centres de chrétiens où il n'y a pas de lieu destiné au culte, le missionnaire prend une chambre, souvent l'unique de la maison, que lui offre le chrétien le moins pauvre. C'est là qu'il couche, qu'il mange, qu'il reçoit les fidèles et célèbre la messe. Cette chambre est ordinairement malpropre, les murs sont noircis par la fumée, une seule fenêtre y laisse pénétrer le jour, et l'on touche parfois le plafond de la main ; l'autel n'est qu'une table boiteuse ; le reste est à l'avenant.

On peut juger si pareille décoration est bien propre à inspirer aux assistants la piété et le respect pour nos saints mystères. Nous sommes dans l'impossibilité de faire mieux, à moins qu'on ne vienne à notre aide. Les personnes, désireuses de devenir fondatrices d'églises et de donner au Fils de Dieu un abri convenable sur cette terre infidèle, pourraient se cotiser si la somme paraissait trop forte, et l'on serait heureux de donner à ces nouveaux temples le nom du saint ou de la sainte qu'elles désigneraient.

6° *Œuvre des images chinoises.*

Ici encore c'est la curiosité qui joue un grand rôle. Nous avons l'habitude de porter avec nous quelques images, que nous appelons images des fins dernières, parce qu'elles représentent l'enfer, le jugement, la bonne et la mauvaise mort, le purgatoire et le ciel. En arrivant dans une chrétienté, nous les faisons suspendre au mur d'une chambre, et là, libre à chacun de venir les examiner. Tout est nouveau pour eux, tout les intrigue, tout a besoin d'une explication. Cette explication est donnée par le catéchiste. Nous distribuons ces images dans les chrétientés où nous voyons plus de mouvement et sur lesquelles nous fondons quelque espoir. Malheureusement nous en possédons trop peu pour faire autant de cadeaux que nous le voudrions. Pour bon nombre de païens, ces images valent un sermon. Ils se racontent les uns aux autres ce qu'ils ont vu, et se communiquent leurs impressions. Plus d'un, à la suite de ces entretiens, cédant à l'impulsion de la grâce, s'est mis en quête de plus amples renseignements sur la religion chrétienne.

Outre les images des fins dernières, nous en avons qui représentent les principaux mystères ; celles-ci sont spécialement destinées aux chrétiens ou aux plus instruits d'entre les catéchumènes. Elles contribuent à graver plus profondément dans leur mémoire et dans leur cœur les vérités de la religion.

Une troisième catégorie comprend les images des saints ; elles sont exclusivement destinées aux chrétiens.

Cette prédication simple et facile, ces succès obtenus par les images chez un peuple encore enfant sous ce rapport, nous ont donné l'idée de faire une imagerie spéciale appropriée au goût chinois. Nos images françaises, quoique d'un brillant coloris, n'obtiennent pas le résultat qu'on en pourrait attendre. Les poses ne sont pas toujours assez dignes, les vêtements pas assez convenables, et l'inscription française, outre qu'elle révèle une provenance européenne, n'est pas comprise des Chinois. Ils seraient donc flattés de voir des personnages avec les costumes de leur pays, quand le sujet le comporte, et d'y lire des inscriptions en caractères chinois.

Des personnes charitables, comprenant l'importance de cette œuvre, nous étaient déjà venues en aide et nous avaient donné le moyen de faire exécuter quelques images ; mais la guerre nous a ôté la possibilité de continuer, en nous privant des ressources sur lesquelles nous comptions. Espérons que bientôt des temps meilleurs nous permettront de reprendre l'exécution de notre plan.

Voilà les moyens dont nous disposons pour la conversion des païens. Restent encore ceux que Dieu, dans sa paternelle providence, emploie pour toucher les cœurs de tant d'infidèles. C'est souvent bien peu de chose en apparence, tant il est vrai que Dieu est le maître des cœurs et qu'il les dirige comme il veut, quand il veut et par les moyens qu'il veut.

III. — MISSIONNAIRES, RÉSIDENCES, VOYAGES.

1° *Missionnaires.*

La mission du Pé-tché-ly sud-est compte actuellement 15 missionnaires de la Compagnie de Jésus, plus un prêtre chinois, 1 frère scolastique, 6 frères coadjuteurs et 5 novices, dont 4 scolastiques et 1 coadjuteur. Sur ce nombre, 12 prêtres sont occupés dans les districts à donner des missions chez les chrétiens et à évangéliser les païens, soit par eux-mêmes, soit par l'intermédiaire des catéchistes. Les autres restent à la résidence, prenant soin du séminaire, des orphelinats et de la direction de la maison.

Les Frères coadjuteurs s'occupent du matériel, et, comme plusieurs d'entre eux ont des connaissances spéciales, ils nous sont d'une très-grande utilité. L'un est horloger. Outre les services qu'il rend à nos montres malades, il est le médecin des horloges ou des montres des mandarins. Ceux-ci trouvent très-commode de faire réparer sans frais et par un bon ouvrier leurs chronomètres ou leurs horloges. Cette complaisance qu'on a pour eux nous a été déjà fort utile; quand nous avons besoin de recourir à leur autorité, ils se montrent moins revêches et plus serviables.

Un autre Frère est architecte; il nous aide à construire nos chapelles et nos maisons ; comme il est en même temps bon décorateur, il rehausse nos églises de peintures, et enseigne son art à quelques Chinois. Un troisième est peintre, menuisier, quelque peu serrurier. Le quatrième est infirmier-médecin ; c'est l'Hippocrate de la contrée. Sa renommée s'est répandue si loin, que j'ai vu des païens venir de 5 à 6 lieues pour le consulter. Ce qu'il y a de plus précieux dans ces consultations et ces distributions de remèdes, c'est qu'on baptise souvent de petits enfants moribonds, dont les âmes s'envolent ensuite au ciel. Quant aux adultes, je ne sache pas que cette charité et ces soins gratuits en aient amené un seul à se convertir. Quoi qu'il en soit, ce soin des malades nous fait avantageusement connaître dans le pays, et regarder par les païens honnêtes comme des gens charitables et compatissants.

Le cinquième Frère s'occupe des soins du ménage et des domestiques.

Le sixième cultive un vaste jardin et y occupe bon nombre d'orphelins.

2° *Résidences.*

Il n'y en a, à proprement parler, qu'une seule où demeurent toujours quelques Pères. C'est au village de Tcham-kia-tchuam, à 1,200 mètres de la sous-préfecture (Hien-hien). Là, se trouve l'église cathédrale. On y a bâti une maison assez vaste pour abriter vingt missionnaires. A côté, s'élève notre séminaire ; un peu plus loin, l'orphelinat des garçons, et, à côté de l'église, l'orphelinat des filles qui est en même temps une école de vierges. Le personnel de toute la résidence monte à 108 personnes.

L'étendue du vicariat et les distances considérables que nous sommes obligés de parcourir pour nous rendre au milieu de nos ouailles ont déjà poussé Mgr Dubar et le R. P. Gonnet, notre supérieur, à établir d'autres résidences qui puissent servir de centre aux Pères des districts voisins, et leur épargner de longues courses pour revenir à la résidence principale quand ils ont besoin de se reposer.

Mais, parce que nous ne sommes pas assez nombreux pour entretenir des Pères à poste fixe dans ces résidences, et que nos ressources ne nous permettent pas de grands frais, nous avons été obligés de nous borner à trois ou quatre stations principales. On a bâti une maison convenable à Ho-kien-fou, préfecture la plus rapprochée de nous. Le terrain, étant une restitution de ce qui avait été enlevé aux anciens missionnaires, ne nous coûtait rien : c'est, grâce à l'intervention de la légation française de Péking, que nous l'avons obtenu. Comme cette préfecture est un endroit important, à cause de son titre et des autorités civiles et militaires qui y résident, on s'est efforcé de donner à la maison quelque apparence extérieure, afin de ne pas exciter des mépris qui rejailliraient sur la religion des missionnaires. Nos supérieurs ont l'intention d'y construire une grande église, dès que ce sera possible.

Au midi, à Kuang-ping-fou, autre préfecture éloignée de 60 lieues de Tcham-kia-tchuam, nous avons également une maison. Mais, que de difficultés, que d'obstacles avant de réussir à en faire l'acquisition ! L'esprit de la population, des lettrés surtout, est tellement hostile aux étrangers, que nous sommes restés près de six ans avant de voir nos efforts couronnés de succès. Il a même fallu que notre excellent chargé d'affaires, M. le comte de Rochechouart, vînt lui-même chez nous pour emporter pièce. Encore, peu de temps après, cette maison fut-elle pillée et saccagée. Sans la patience et le courage dont ce digne représentant de la France était animé pour tout ce qui concerne le bien de la religion, jamais nous ne serions venus à bout de cette affaire.

Quand les temps seront plus calmes, on tirera bon parti de cette maison pour y établir des écoles et une pharmacie.

Plus loin, à 20 ou 30 lieues vers le sud, existe une troisième préfecture, Tai-min-fou, dont les autorités et la population nous sont plus favorables. C'est là qu'on a dessein de former un quatrième établissement.

Pour mieux montrer à quel point sont nécessaires ces nouvelles résidences, il est à propos de parler des voyages des missionnaires, des longues distances à parcourir, du mode de locomotion.

3° *Voyages.*

Généralement, quand nous devons nous rendre chez d'anciens chrétiens, nous leur indiquons le jour où nous voulons nous mettre en route. Ils se rendent à l'endroit où se trouve le missionnaire, et chargent sur leurs voitures tout le mobilier nécessaire pour une campagne de plusieurs mois. On y met la chapelle de voyage, le lit qui se compose d'une peau de bouc, d'un matelas de coton de 2 centimètres d'épaisseur et d'une ou deux couvertures, les effets du Père et ceux du catéchiste. Quant tout a été mis en place, on invite le Père à monter, et le voilà parti.

Un mot maintenant sur le véhicule. Il y a deux sortes de char : le petit char, et le grand char. Le premier est exclusivement destiné aux voyageurs : c'est une sorte de petit tombereau. Tout est en bois, même l'essieu ; les roues n'ont guère plus d'un mètre de diamètre. Le char est couvert, et l'intérieur est si petit, qu'il n'y a de place que pour une personne ; on s'y couche à moitié, ou l'on s'y assied à la façon des tailleurs. Sur le devant, vous avez le catéchiste à votre droite et le conducteur à votre gauche. Le second char sert aux transports. Il n'est point couvert ; quand on veut s'y abriter un peu, on met une natte sur des cerceaux adaptés à cet effet, mais le char reste ouvert aux deux bouts. Aussi, par les froides journées d'hiver, le voyage est fort pénible. Il n'y a que les petites gens à se servir de ce char dans leurs voyages; mais comme nos chrétiens sont généralement plus pauvres que riches, on prend ce que l'on trouve.

Les animaux qui traînent la voiture sont ou des chevaux, ou des mulets, ou des bœufs, ou des ânes, selon la fortune de chacun. J'ai vu mon char traîné un jour par quatre bêtes différentes. Un bœuf était entre les brancards, un cheval en flèche, et à la volée un âne et un mulet. Cette variété tient à ce qu'assez souvent les chrétiens n'ont qu'une seule bête de somme, et, comme il en faut plusieurs pour traîner le grand char, surtout quand les chemins sont mauvais, chacun prête ce qu'il possède.

Une fois en route, il faut s'accoutumer aux cahots, car la voiture n'est nullement suspendue. Si vous n'êtes pas encore fait à ce mode de voyage, je vous conseille de vous cramponner solidement aux deux rampes, sans quoi vous risqueriez de vous frapper la tête contre les parois, tant les secousses sont violentes.

On ne peut faire, en moyenne, plus de 10 à 12 lieues

par jour, à peu près une lieue à l'heure. Quand on a 50 à 60 lieues à parcourir, force est donc de s'arrêter chaque soir, soit dans une auberge (et quelles auberges) ! soit dans une chrétienté, s'il s'en rencontre sur la route.

Une fois rendu dans le district, le missionnaire n'a pas à franchir d'aussi longues distances : à moins de cas pressants, il ne fait guère que 8 à 10 lieues par jour.

Est-il nécessaire de faire remarquer que tous les frais de voyage et de séjour sont à la charge des missionnaires ? Les catéchumènes sont généralement pauvres ; d'autre part, la foi n'ayant pas eu le temps de jeter dans leurs cœurs de profondes racines, ils croiraient, quelques-uns du moins, qu'on veut les exploiter et vivre à leurs dépens, parce qu'ils se sont faits chrétiens. Peu à peu ils comprennent que le Père, se dépensant pour eux, il est juste qu'ils pourvoient à ces frais dans la mesure de leurs forces. Jusque-là il faut y suppléer de notre bourse.

IV. — RÉSULTATS OBTENUS, CONVERSIONS.

Au moment où les PP. Jésuites prirent la direction du Pé-tché-ly sud-est, il n'y avait, comme je le disais plus haut, que 9,475 chrétiens formant 132 chrétientés. Les catéchumènes étaient fort peu nombreux (62), et par conséquent les adultes baptisés étaient assez rares. On ne comptait pas une seule école. Dieu a béni visiblement les travaux de ses serviteurs. On pourra en juger par le tableau des œuvres de la mission pendant l'année 1870 à 1871, le compte-rendu de 1871 à 1872 n'étant pas encore arrivé.

Total des chrétiens 20,517
— chrétientés 302
— adultes baptisés durant l'année . 1,333
— catéchumènes (1). 1,923
— enfants païens baptisés en danger
de mort. 3,534
— séminaire 1
— écoles de garçons. 28
— écoles de filles 21
— écoles pour former les catéchistes . 2
— écoles — les vierges . . 2
— orphelinats de garçons 2
— orphelinats de filles 3

Pour obtenir ces résultats, il a fallu du temps, de la peine et de la patience. Les premières années ont été très-dures et très-laborieuses. On avait d'abord à lutter contre l'apathie et l'ignorance d'un certain nombre de chrétiens qui, voyant rarement le missionnaire, étaient privés des secours de la religion, et n'avaient presque personne pour les instruire, ranimer leur ferveur et les encourager. Quand on fut parvenu à les visiter au moins une fois chaque année, il se produisit un changement notable : la ferveur se ranima, les enfants étudièrent le catéchisme, le zèle du prosélytisme s'empara de quelques-uns de nos chrétiens et nous amena des caté-chumènes.

L'impulsion une fois donnée, le mouvement se continua et se propagea rapidement ; aussi, dans les der-

---

(1) Il est nécessaire d'avertir le lecteur que le nombre des catéchu-mènes et des adultes baptisés, pendant l'année 1870-1871, est moindre que les années précédentes, par suite des tristes événements.

nières années qui viennent de s'écouler, la religion a-t-elle fait beaucoup plus de progrès que dans les sept ou huit premières années.

L'exemple des nouveaux convertis contribue d'une manière étonnante au mouvement vers la religion. Leur conduite frappe singulièrement les autres païens, qui se demandent d'où provient une telle transformation. Et comme ils ne peuvent l'attribuer qu'à la religion récemment embrassée par les néophytes, c'est pour eux l'occasion de sérieuses réflexions qui les amènent assez souvent à demander le baptême. Pourquoi les nouveaux chrétiens contribuent-ils plus efficacement que les anciens à la conversion des païens ? C'est le contraire, semble-t-il, qui devrait avoir lieu. Cette anomalie tient à deux causes : la première, c'est qu'il s'est formé autrefois, surtout aux époques de troubles et de persécutions, dans l'esprit des païens qui vivent au milieu des anciens chrétiens, une antipathie qui persiste encore. En outre, ces infidèles sont tellement habitués au contact des chrétiens, qu'ils sont blasés sur tout ce qu'ils voient et entendent. La seconde raison, c'est que, dans plusieurs localités où les chrétiens ne sont pas ce qu'ils devraient être et ne pratiquent pas avec autant de ferveur les vertus qui sont l'apanage de notre sainte religion, rien ne frappe les païens. Loin de moi la pensée de généraliser, car il y a encore de vieilles chrétientés où l'on constate quelque conversions, mais elles sont plus rares que dans les nouvelles.

Les néophytes réclament plus particulièrement la sollicitude du missionnaire. D'une foi récente et encore peu solide, la moindre bourrasque les ébranle et les remplit de crainte. Aussi le Père ne se contente pas de les visiter une fois par an ; il leur fait deux, trois visites, et plus, quand il apprend que l'émoi est dans le trou-

peau. Si les tracasseries qu'on leur fait subir sont in-
justes, il avertit les païens de se désister sous peine de
se voir cités devant le tribunal du mandarin. Viennent-
ils à composition, l'affaire est terminée ; mais, s'ils re-
fusent ou s'ils recommencent, on les accuse auprès de
l'autorité qui inflige alors aux coupables une correction
paternelle.

Quand il y a matière à procès, un d'entre nous (le
R. P. Leboucq) est tout spécialement chargé de ce
soin; outre la connaissance que ce Père a de la langue
et des usages du pays, la décoration de la Sapèque
d'or, qu'il a reçue il y a une douzaine d'années, lui
donne plus de prestige et d'autorité. De plus, son ca-
ractère enjoué lui gagne, sinon les cœurs, l'esprit des
mandarins civils et militaires. Il est en très-bons
ter mes avec eux et a souvent obtenu des faveurs
signalées.

Ces visites qu'il faut, dans l'intérêt de la religion,
multiplier auprès des nouveaux chrétiens, absorbent
un temps considérable et donnent un surcroît de fatigues. Lorsque les Pères seront plus nombreux, on
pourra vaquer plus librement à la culture de cette por-
tion de la vigne du Seigneur, et les fruits qu'on en re-
tirera ne pourront manquer d'être abondants.

Les massacres de Tien-tsin et les malheurs de la
France ont notablement ralenti le mouvement des
conversions. Nos Pères le constatent chaque jour avec
regret, tout en adorant les secrets de la divine Providence, toujours admirable, soit qu'elle console, soit
qu'elle afflige. Avec la paix renaîtra sans doute l'heureux mouvement arrêté momentanément par nos épreuves.

V. — MOYENS DE VENIR EN AIDE A LA MISSION.

Comme il faut s'aider de tous les moyens pour at-
tirer les regards de ces pauvres infidèles vers notre
sainte religion, il est nécessaire de soutenir et de déve-
lopper les œuvres déjà existantes. Sans parler du nombre trop restreint des missionnaires, il faudrait pouvoir augmenter les écoles normales pour les catéchistes
et les vierges, les écoles de garçons et de filles dans
les villages; il faudrait construire des églises ou au
moins de modestes chapelles. En outre, si nous pou-
vions établir des hôpitaux pour y recevoir les malades
pauvres ou abandonnés, cette bonne œuvre assure-
rait certainement le salut de bien des âmes. Plus les
conversions augmenteront, et plus on sentira la nécessité de multiplier les moyens qui contribuent à la pro-
pagation de l'Evangile. Que le lecteur ne s'effraie pas
de tous ces besoins, et qu'il nous pardonne une énumé-
ration détaillée : il est si douloureux de voir périr des
millons d'âmes faute de secours !

Assurément les dons en argent sont ceux qui ont
une action plus efficace et plus directe, puisqu'ils servent à entretenir ce qui existe et à créer ce qui n'est
pas. Voici la série de nos œuvres avec les dépenses
annuelles qu'elles occasionnent :

1º Entretien de 30 séminaristes. Pour un
séminariste . . . . 300 fr.

2ᵉ Entretien de 2 écoles normales pour la
formation des catéchistes, dans lesquelles se trouvent 28 jeunes gens.
Pour un étudiant . . . . 220 fr.

3° Entretien de 2 écoles normales pour la
   formation des vierges, maîtresses
   d'école; elles comptent 46 élèves.
   Pour une étudiante. . . . . . . 200 fr.
4° Entretien de 39 maîtres d'école. Pour
   un maître d'école . . . . . . 150 fr.
5° Entretien de 28 maîtresses d'cole. Pour
   une maîtresse d'école . . . . . 120 fr.
6° Entretien de plus de 50 catéchistes ac-
   compagnant les Pères ou dirigeant
   une pharmacie. Pour un catéchiste . 150 fr.
7° Bâtisse d'une chapelle ordinaire, en briques non cuites, à toit plat, blanchie
   à la chaux au dedans. . . de 500 à 800 fr.
8° Bâtisse de chapelles convenables que
   nous décorons du nom d'églises. . 3,500 fr.

Dans ce tableau ne sont point compris l'entretien annuel et les voyages de 20 missionnaires, qu'il est impossible d'évaluer d'une manière exacte, mais qui entraînent des frais considérables.

Les personnes, qui seraient dans l'impossibilité d'aider la mission de leurs deniers, ont d'autres moyens de secourir les missionnaires : c'est de faire des dons en nature. Qu'on nous pardonne d'entrer dans le détail, puisque nous désirons faire connaître tous les moyens pratiques d'être utile à la mission.

Commençons par ce qui concerne les églises. On peut donner des vases de fleurs, des candélabres, de simples chandeliers en cuivre *jaune*, des tapis pour recouvrir la terre nue qui sert souvent de marchepied d'autel, de grandes images coloriées, des étoffes pour orner les pauvres chapelles, des ornements, des nappes d'autel, des vases sacrés, des tableaux à l'huile représentant des sujets religieux, des chapelets *solidement* montés (en cuivre *jaune* de préférence), des médailles et des croix solides en cuivre *jaune*, etc..... Même si de pieuses dames voulaient donner des robes, hors d'usage, en soie, en laine, alpaga, popeline, etc., aux couleurs voyantes, elles feraient une aumône très-appréciée.

Désire-t-on envoyer des objets qui servent aux missionnaires, on peut donner des serviettes, des mouchoirs blancs ou de couleur, des draps de lit, des couvertures de lit en laine et en coton, de la toile de coton ou de fil, du drap noir ou bleu foncé, etc.

Reste un dernier article, celui que j'appellerais volontiers article-cadeaux. A cause de nos rapports continuels avec les autorités civiles et militaires du pays, nous avons tout intérêt, pour le bien de la religion et des chrétiens, à entretenir ces bonnes relations dont nous avons eu souvent à nous féliciter. Nous arrivons à ce but en faisant des cadeaux ; et, grâce à cette industrie, les mandarins nous ont parfois rendu de très-grands services. Les objets venant d'Europe sont très-appréciés des Chinois, pour leur élégance ou pour le fini du travail. Aussi en faisons-nous de préférence la matière de nos présents. Ce sont en général de petits objets bien faits, gracieux, frappant la vue, quand bien même ils seraient d'un prix médiocre ; soit en verre de couleur, telles que coupes, vide-poches, verres à pied, chandeliers, presse-papier ; soit en cuivre *jaune* ou en bronze, comme bougeoirs, chandeliers, porte-allumettes, porte-cigares ; des montres, des pendules, des horloges, des lampes, des tapis de table, des descentes de lits, etc (1).

------

(1) Les personnes qui voudraient contribuer au bien de la mis-

Pour donner aux bienfaiteurs et bienfaitrices de notre mission un gage de la reconnaissance dont les missionnaires seront pénétrés, c'est avec bonheur que je promets, en leur nom, une part toute spéciale dans leurs travaux et leurs mérites, un souvenir particulier dans leurs prières et saints sacrifices. Ils seront heureux de pouvoir ainsi répondre à une charité que Dieu seul est capable de récompenser dignement.

Laon, fête de l'Epiphanie de N. S. 1873.

Gab. de BEAUREPAIRE, *S. J.*

---

sion, par des secours en argent ou en nature, sont priées d'envoyer leurs dons à une des adresses suivantes :

M. HAMANN, maison St-Acheul, près Amiens (Somme);
P. DE BEAUREPAIRE, maison St-Vincent, Laon (Aisne);
Sœur Agnès DE CHANTAL, à la Visitation, Amiens (Somme).

Elles sont également priées de mettre distinctement en tête de leurs lettres, leurs adresses respectives, afin que nous puissions les remercier et les avertir de l'arrivée de leurs charitables aumônes.

Lyon. — Impr. de J. B. Pélagaud.

76